PAUL BARLATIER

Directeur du ''Sémaphore de Marseille''

ESSAI

SUR

LA RÉGLEMENTATION

DES CONFLITS DU TRAVAIL

MARSEILLE

TYPOGRAPHIE ET LITHOGRAPHIE BARLATIER

19, Rue Venture, 19

1907

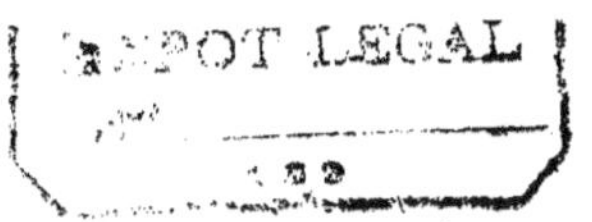

PAUL BARLATIER

Directeur du "Sémaphore de Marseille"

ESSAI

SUR

LA RÉGLEMENTATION

DES CONFLITS DU TRAVAIL

MARSEILLE

TYPOGRAPHIE ET LITHOGRAPHIE BARLATIER

19, Rue Venture, 19

1907

ESSAI

SUR

La Réglementation des Conflits du Travail

Préliminaires et intérêt de la question.

Les questions soulevées par le projet de loi déposé sur le bureau de la Chambre par la Commission du travail et ayant trait aux différends relatifs aux conditions du travail et au droit de grève, sont de celles qui doivent plus particulièrement intéresser tous les commerçants et tous les industriels.

Le problème complexe auquel les honorables membres de la Commission du travail se sont efforcés d'apporter une solution, ne pourra être certainement traité à fond au cours de cette étude : tout au plus pourrons-nous l'envisager dans un ordre d'idée pratique et sous le point de vue des intérêts immédiats de l'industriel autant que de ses ouvriers.

Nous nous proposons, afin d'éclairer le débat, après quelques considérations sur les conflits du travail en général (préliminaire nécessaire de cette étude), d'exposer tout d'abord le mécanisme du projet de loi déposé par la Commission en signalant les points de contact qu'il a avec les législations étrangères, qui peuvent nous fournir des points de comparaison et éclairer le débat par la lumière des expériences déjà faites. Nous examinerons ensuite si le but visé par cet instrument législatif est de ceux dont la nécessité et l'utilité apparaissent comme évidentes ou si, au contraire, le besoin d'une législation nouvelle des conflits du travail ne se faisait point sentir. Nous nous demanderons ensuite si le but visé a quelque chance d'être atteint par les moyens proposés par la Commission et, dans le cas où la chose nous apparaîtrait comme

1

douteuse, par quels autres moyens il y aurait espoir d'aboutir à une solution acceptable et équitable pour tous.

Parmi tous les fléaux qui compromettent gravement l'essor de l'industrie française, il en est peu d'aussi cruel et d'aussi regrettable que la grève. Simples conflits d'intérêts qui sembleraient devoir se résoudre, sinon sans difficultés, tout au moins sans violences, les grèves en arrivent à diviser profondément les patrons et les ouvriers et souvent même les ouvriers entre eux.

La chose s'explique aisément : La grève est l'arme légale mise entre les mains des travailleurs pour faire aboutir leurs revendications ; elle a son corollaire dans le droit de *lok-out* qu'on ne saurait refuser aux patrons désireux à leur tour d'amener à composition leurs ouvriers. Mais si les employeurs usent rarement de ce droit, les travailleurs, par contre, usent de plus en plus du droit de grève et en arrivent à paralyser pendant des semaines, des mois parfois, telles ou telles industries d'une ville ou d'une région.

Nous laisserons bien entendu de côté, dans cette étude, cette forme révolutionnaire de la grève dont on nous menace si souvent et qui s'appelle la grève générale, ce mode d'insurrection échappant à toute étude autant qu'à toute appréciation, mais nous étudierons, par contre, brièvement, la grève en tant qu'évènement d'ordre économique et social.

Le droit de travailler a comme corollaire le droit de ne pas travailler et réciproquement ; ils apparaissent tous deux comme aussi respectables l'un que l'autre et la loi, sauf des cas très rares, ne peut qu'assurer l'exercice de ces deux droits, qui font partie du patrimoine de la personnalité humaine.

Le travail, en un mot, est une marchandise que tout homme est libre d'offrir ou de refuser, d'acheter ou de ne pas acheter, de vendre ou de ne pas vendre. Il faut l'accord des deux parties pour que le contrat de travail ou louage de services vienne à effet.

De ce que le travail apparaît comme une marchandise dont la contre-partie en argent se nomme salaire, il s'en suit qu'il devrait être et qu'il est en réalité soumis à la loi économique de l'offre et de la demande. De nombreux bras s'offrent-ils pour fournir un travail peu demandé ? Les salaires baissent ; par contre, la main-d'œuvre est-elle demandée et peu offerte ? Les salaires montent.

Et de même qu'un commerçant entend, en achetant une matière première, réaliser un bénéfice en la transformant et en la revendant un prix supérieur au prix d'achat et au coût de la transformation ; de même, en achetant du travail, doit-il peser si ce travail, plus les éléments qu'il est obligé de lui fournir pour son exercice utile, seront rémunérés par un bénéfice ultérieur plus grand que leur somme.

Tout le problème est là, et c'est sur ce problème que se joue le sort de toutes les grèves : les employés estiment-ils que la marge est très grande entre le coût du travail effectué et le prix de revente du produit de ce travail, ils spéculent à la hausse en offrant à prix plus élevé un travail qu'ils refusent à un prix moindre. Rien ne force au surplus l'employeur à accepter leur manière de voir ; il est seul juge d'être ou de ne pas être acheteur de travail à un prix déterminé.

Ce qui complique les choses, ce qui fait que les conflits économiques du travail prennent un caractère de douloureuse acuité, c'est que le travail n'est point comme toutes les autres une marchandise inerte, mais bien une marchandise souffrante. Des amas de blé peuvent rester longtemps en grenier sans périr, des ouvriers ne peuvent rester indéfiniment sans toucher la rémunération du travail de leurs bras sans se trouver acculés aux pires souffrances, à la misère et à la mort. C'est à ces moments douloureux que le conflit, sortant de l'ordre économique, entre en plein dans l'ordre des problèmes sociaux et, de même qu'un blé qui s'avarie fermente, de même fermentent les masses ouvrières aux heures où la famine les guette.

Par là s'établit l'inégalité entre les deux spéculateurs, l'employeur et l'employé, les grèves se résumant, pour le premier, dans un calcul d'intérêt plus ou moins compliqué, pour le deuxième, au bout d'un temps plus ou moins long, par une question de vie ou de mort.

Il arrive donc très souvent que de pareils conflits n'ont pas la solution normale qui correspondrait aux lois de l'économie politique, l'une des parties se rendant, non pas faute de courage, mais bien faute de souffle. Or, les solutions faussées sont mères des situations fausses et la spéculation est mauvaise pour les deux parties quand l'une d'elles triomphe de l'autre, non par la force économique des choses, mais par la famine.

A cette disproportion des moyens de luttes entre l'employeur et l'employé, ce dernier est forcément tenté de remédier par tous les moyens en son pouvoir, ces moyens fussent-ils aussi extra-légaux que possible ; c'est le même spectacle que celui qui s'offre si souvent dans une rixe où le combattant le plus faible et près d'être terrassé n'hésite pas à jouer de la lame pour triompher de la supériorité écrasante de son adversaire.

La lame des grévistes, près de périr, c'est la violence. Cet emploi de la violence est regrettable, évidemment, il est contraire à toutes les lois qui régissent les sociétés humaines, il ébranle les bases mêmes et le fondement du droit ; il n'en apparaît pas moins comme la conséquence logique d'une situation inférieure.

Mais, par ses conséquences mêmes, cet emploi de la violence appelle forcément l'attention du législateur et de tous ceux qui ont la charge des intérêts des sociétés humaines. Laisser l'appel et l'exercice de la violence se faire librement dans une société, c'est vouer à bref délai cette société à l'anarchie et à la ruine : il est donc de l'intérêt de la masse que ces violences qui ne peuvent être réprimées que par d'autres violences, et ces excès par d'autres excès, soient évités autant que possible.

Intérêt de la Société à la cessation des conflits du travail. — Un autre motif vient militer en faveur d'une solution pacifique, c'est l'intérêt non moral mais matériel des sociétés humaines. L'arrêt du travail dans une industrie ou dans une cité y cause des perturbations économiques considérables : alors que la production cesse en effet, la consommation n'en continue pas moins ; il s'en suit forcément un renchérissement dont tout le monde souffre, employeurs comme employés, et ceux-ci plus que ceux-là.

D'autre part, la consommation est forcément amenée à faire appel au dehors et la consommation étant finie dans un espace de temps déterminé, il s'en suit que le produit demandé au dehors et consommé sera autant de travail et, partant, de gain perdu par les employeurs comme par les employés, les premiers sous forme de bénéfice, les seconds sous forme de salaire.

Enfin, lorsqu'on considère une industrie ne travaillant point uniquement pour la Cité ou le pays dans lequel elle est établie, un autre dommage grave peut être causé à tous les intérêts en cause par le détournement du courant des affaires vers d'autres cités ou vers d'autres pays.

Par là s'établit cette conclusion absolue que la grève est une ruine égale pour les employeurs comme pour les employés et que la ruine des uns ne fait jamais, en aucun cas, la fortune des autres.

Si le préjudice causé est grand, il apparaît comme évident qu'il croît avec sa durée : les sociétés auraient donc un intérêt majeur à la disparition absolue des grèves et elles en auraient un également à la diminution de leur durée.

Efforts faits pour diminuer le nombre et la durée des conflits du travail.

C'est de ce côté que ce sont tournés tout d'abord les efforts des législateurs de tous les pays : ils se sont moins efforcés de prévenir les grèves que de leur donner une rapide solution.

La chose apparaît, à première vue, comme relativement simple : la plupart des conflits qui éclatent entre êtres humains reçoivent, en effet, leur solution normale par l'intervention d'un arbitre ou d'un juge.

Les discussions entre commerçants sont réglées par l'intervention des tribunaux de commerce ; de même les conflits d'ordre particulier par les tribunaux civils ; il n'est pas jusqu'aux questions d'honneur qui ne soient quelquefois tranchées par un tribunal volontaire : il semblerait donc tout naturel qu'une juridiction fut créée qui connut des conflits du travail.

Mais il y a lieu de remarquer, dès l'abord, que si la solution des conflits entre individualités apparaît comme relativement facile, elle se présente sous un tout autre jour lorsqu'il s'agit d'un conflit entre une collectivité et une individualité, ou entre collectivités entre elles. Les guerres qui ensanglantent encore le monde à cette heure en sont la démonstration et probante et cruelle. Pourtant les esprits semblent, même pour ces conflits d'ordre général, plus enclins à admettre l'idée d'une juridiction supérieure chargée d'y donner une solution non violente, et nous pouvons espérer, dans un avenir plus ou moins prochain, voir le fléau de la guerre diminuer de beaucoup ses ravages par la sage application d'un sérum médiateur : il n'apparaît donc pas comme tout à fait utopique de vouloir donner de même une solution normale et bienfaisante aux conflts du travail.

Remarquons que cette solution, de quelque manière qu'on y aboutisse, sera forcément en opposition avec les lois économiques dont nous avons parlé tout à l'heure et plus spécialement avec la loi de l'offre et de la demande, qui exigerait que le conflit se dénouât de lui-même sans l'intervention anti-économique d'une juridiction et d'une loi.

De même les solutions pacifiques des conflits entre peuples font-elles obstacle à l'exercice de ces lois naturelles qui conduisent les races et les peuples et qui règlent les tourbillons des marées humaines, lois dont la plupart nous sont encore inconnues et le demeureront pendant de longs siècles encore, mais dont quelques-unes ont été énoncées de façon plus ou moins nette comme par exemple cette loi de la sélection naturelle que Darwin a appliquée aux seules espèces, mais qui pourrait être aussi bien appliquée à l'écrasement des races faibles par les races fortes.

L'application d'une solution légale au conflit du travail peut donc nous apparaître à la lumière de ces réflexions comme moins révolutionnaire qu'on ne la pouvait considérer à première vue ; tout au plus pourra-t-on la considérer comme la déviation d'une loi économique dans l'intérêt immédiat des personnalités humaines et de la loi morale supérieure.

Le rôle du législateur, comme celui du médecin, est double ; il doit prévenir d'abord et, s'il ne l'a pu, s'efforcer de guérir ensuite. Ce double traitement doit être appliqué aux conflits du travail et aux grèves qui en sont la suite.

En fait, sauf dans certaines législations toutes récentes, on s'est beaucoup plus préoccupé de guérir que de prévenir ; de plus, les remèdes préconisés sont-ils de ceux dont l'efficacité est douteuse ou, en tous cas, non adéquate à la violence du mal à guérir.

L'arbitrage facultatif. Le plus employé est l'arbitrage facultatif entre les parties en cause que cet arbitrage soit confié par elles à des arbitres dont le choix leur est laissé ou qu'il soit remis à un tribunal spécial conseil des prud'hommes ou conseil de conciliation.

En France, les conflits du travail sont régis par les dispositions de la loi du 27 décembre 1892, qui a organisé, en cas de conflit, l'arbitrage facultatif avec invitation faite par le juge de paix aux parties d'y avoir recours.

Aussi bien que dans les pays anglo-saxons, où elle est également appliquée, cette formule n'a donné en France que des résultats négatifs. C'est ainsi qu'en onze ans, il n'y a eu, avant conflit, que 63 recours à l'arbitrage avant toute cessation du travail et

1.445 après cessation sur un total de 5.506 grèves; de plus, en 652 cas, la proposition d'arbitrage a été repoussée par l'une ou l'autre des parties en cause. Sur les 783 cas où l'arbitrage a été accepté 406 seulement ont été résolus par ce moyen ; enfin, il n'y a aucune tendance à recourir davantage à l'arbitrage en 1904 qu'il y a dix ans. La reconnaissance de ces faits établit de façon péremptoire la faillite de la loi. Des dispositions nouvelles semblent donc devoir s'imposer.

Trois propositions de loi ont été déposées dans ce sens à la Chambre et successivement examinées par la Commission du Travail : 1° Proposition de loi de MM. Constant, Bouveri, Delori et Jacques Dufour donnant aux ouvriers d'une même usine ou exploitation le droit de décider la grève à la majorité des voix et l'imposant à la minorité.

2° Proposition Rudelle faisant obligation aux parties, avant toute cessation de travail, de recourir à une tentative de conciliation devant le juge de paix.

3° La proposition Millerand, fort complète et très judicieusement étudiée et que la Commission a adoptée avec quelques modifications. Cette proposition comprend deux parties bien distinctes :

1° Moyens de prévenir et de régler les conflits avant toute cessation du travail ;

2° Organisation et réglementation de la grève et de la reprise du travail.

Les dispositions ayant trait à la première partie du projet de loi se réfèrent à deux ordres d'idées distincts :

1° L'auteur du projet de loi estime que bien des conflits éclatent entre patrons et ouvriers par suite de malentendus ; il croit que des explications sans intermédiaires entre le chef d'une entreprise et les délégués de ses ouvriers peuvent aplanir bien des difficultés et, en tout cas, couper court aux conflits qui n'ont souvent pour cause que des blessures réciproques d'amour-propre.

D'autre part, tenant compte des occupations importantes qu'a un chef d'entreprise, il ne lui impose pas d'écouter à toute minute les réclamations directes des ouvriers, les réclamations

*La proposition
Millerand.*

minimes et non urgentes pouvant être reçues par des chefs de service.

2° L'auteur du projet de loi, estimant avec juste raison que la réflexion et le calme sont choses indispensables dans les difficultés et les conflits qui naissent des conditions du travail, impose des délais et des démarches réitérées avant d'autoriser les ouvriers à en arriver aux résolutions plus violentes.

3° Au cas où la difficulté ne peut se résoudre directement entre les parties, il leur offre, avant toute cessation du travail, la solution de l'arbitrage et n'autorise cette cessation que tout autant que ce dernier moyen a échoué.

Examinons successivement ces différents points.

Que bien des conflits naissent de malentendus ; que parfois les intermédiaires placés entre le patron et ses ouvriers, par des rapports inexacts, soient la cause plus ou moins volontaire de beaucoup de grèves, c'est chose difficilement discutable. Des rapports plus fréquents entre patrons et ouvriers sont pour faire disparaître à coup sûr bien des défiances et parfois bien des haines injustifiées. Il n'est pas douteux que, bien souvent, les contremaîtres et chefs de service, en choc perpétuel avec les ouvriers, aigres parfois, parfois injustes, manquent de la souplesse désirable lorsque surgit une occasion de conflit. Or, nul n'ignore combien les ouvriers de notre pays sont impressionnables et combien il leur faut peu de chose pour les pousser d'un extrême à l'autre. Une brutalité sans résultat pratique, une parole grossière ou dite mal à propos peuvent les entraîner aux pires excès, de même qu'un geste généreux ou des paroles bienveillantes les peuvent détourner des résolutions extrêmes. De plus, les fauteurs de grèves, les agitateurs de toute sorte profitent de l'ignorance qu'ont les ouvriers du véritable état d'âme de leur patron pour leur en faire un tableau radicalement inexact mais que ces âmes simples tiennent pour véritable. Il est certain qu'à cet éloignement des masses ouvrières, où ils se cantonnent aujourd'hui, les patrons n'ont rien à gagner et tout à perdre.

Le premier point de vue auquel s'est placé M. Millerand semble donc en tous points exact, au moins sous le jour théorique; voyons comment, au point de vue pratique, il s'efforce de résoudre la difficulté.

Tout d'abord, il est bien évident qu'il est impossible de mettre le patron en contact avec la totalité de ses ouvriers, et que, d'autre part, il ne lui resterait plus le temps de s'occuper des intérêts de l'entreprise qu'il dirige, s'il lui fallait écouter individuellement toutes leurs réclamatious; c'est donc par l'intermédiaire des délégués que ces derniers lui feront parvenir leurs plaintes.

Ces délégués seront nommés au scrutin secret, à raison de un délégué et un délégué adjoint par cent cinquante ouvriers ou fraction de ce chiffre : sont électeurs tous les ouvriers de l'établissement âgés de 18 ans révolus. Sont éligibles tous les ouvriers *français* de l'établissement ayant 25 ans accomplis et travaillant depuis au moins deux ans dans l'établissement. Les délégués seront élus annuellement.

Ils ont pour charge de recueillir les réclamations du personnel et de les transmettre à la direction. Le chef d'établissement peut désigner, pour recevoir les réclamations courantes, un chef d'atelier ou chef de service; mais, au moins une fois par mois les délégués seront reçus par le chef d'entreprise à qui ils soumettront directement les réclamations qui n'auraient pu être solutionnées autrement. Nous avons indiqué plus haut qu'au point de vue théorique cette institution des délégués paraissait souhaitable, au point de vue pratique, cependant, certaines critiques s'imposent.

Tout d'abord, n'est-il pas à craindre que, par suite de la facilité qu'ils auront de présenter des réclamations, les ouvriers ne se croient obligés à en formuler de continuelles : des difficultés qui se résolvaient sans conflits à la suite de sages réflexions ne vont-elles pas se trouver exagérées du fait d'une intervention repoussée par le patron : n'y aura-t-il pas, du fait du rejet de certaines réclamations, de nouveaux froissements d'amour-propre entre employeurs et employés, et ne naîtra-t-il pas, de la sorte, une irritation que des refus répétés, et il s'en produira, conduiront à un état aigu? Autant de questions difficiles à résoudre *à priori* : autant de dangers auxquels il faudrait s'efforcer de parer.

Les Délégués.

D'autre part, il est peut-être à craindre que tout n'aille pas pour le mieux entre les ouvriers et leurs délégués et que l'insuccès de certaines démarches soit imputé à leur incapacité et à leur faiblesse ; il est vrai que les ouvriers pouvant changer de délégués annuellement n'auront qu'à ne plus renommer ceux qui ne leur donneront pas satisfaction. Il pourra néanmoins se produire, pendant l'année des conflits parfois violents entre délégués et mandants d'un même personnel ouvrier. Ce point est également à considérer.

A cela, les auteurs des projets de loi répondent par l'exemple pratique du Creusot, où l'institution des délégués a été introduite par la sentence arbitrale rendue par M. Waldeck-Rousseau à la suite de la grève de cet établissement. Au Creusot, cette institution a donné les plus heureux résultats et, depuis lors, toutes les difficultés ont été résolues pacifiquement entre patrons et ouvriers.

Pour notre part, nous croyons que cette institution des délégués peut présenter des avantages plus grands que ses inconvénients ; pour parer à ces derniers, nous proposerions au surplus quelques modifications au projet de loi.

Voici les modifications que nous jugerions nécessaires d'apporter au projet de la Commission de la Chambre en ce qui concerne l'institution des délégués.

Tout d'abord la réception des délégués par le patron n'aurait lieu mensuellement que sur demande écrite des délégués ; par là, ces derniers ne se trouveraient point incités à formuler des réclamations inutiles pour justifier l'entrevue mensuelle obligatoire. Les entrevues entre patron et délégués n'auraient donc lieu qu'à intervalle minimum d'un mois et que tout autant que le besoin s'en ferait sentir pour les ouvriers.

D'autre part, les réclamations formulées par les délégués ne pourraient se référer qu'aux questions de discipline ou de service, exclusion faite des réclamations ayant trait aux chiffres des salaires et à la durée du travail. Nous indiquerons plus loin comment nous espérons régler ces dernières.

Nous croyons que, grâce à ces quelques modifications, le système des délégués serait acceptable pour le patron et profitable aux intérêts de tous.

Passons au deuxième point de vue envisagé par M. Millerand : c'est celui des délais à accorder avant toute solution violente. Supposons qu'à une réclamation verbale des délégués le patron ait répondu par un refus. De deux choses l'une : ou bien, après réflexion et explications du patron, les ouvriers reconnaîtront que leur réclamation ne présente peut-être pas toute l'importance qu'ils y attachaient tout d'abord, et il n'en sera plus question, ou bien ils estimeront que leur réclamation est justifiée. et urgente. En ce cas, le projet de loi leur donne le droit de préciser et d'insister. Pour donner, au surplus, à la réclamation toute la netteté désirable, elle devra être, à cette deuxième entrevue, déposée par écrit par les délégués. Il est alors donné au patron quarante-huit heures de réflexion pour examiner la solution à laquelle il entend s'arrêter. Il faut qu'au bout de ce temps il ait fait tenir aux délégués une réponse écrite.

Les délais avant la déclaration de grève.

Ce mode de procéder est, ce nous semble, très logique et très acceptable ; en fait, étant donné que nous entendons écarter du débat les questions d'augmentation de salaires et de fixation de la durée du travail, il est plus que probable que, dans la plupart des cas, l'accord pourra se faire après des explications verbales, soit que le patron reconnaisse le bien fondé de la réclamation qui lui est faite, soit que les délégués en reconnaissent le mal fondé. En tout cas, si quelque malentendu s'était glissé dans la discussion, la précision des réclamations écrites contribuerait à l'éclaircir. Admettons cependant qu'après réclamatiou écrite, le patron ne croie pas devoir accéder à la réclamation qui lui est faite : il faut en conclure qu'il l'estime non fondée en droit, partant, qu'il est prêt à la soumettre à un arbitrage.

De cet arbitrage la loi nouvelle lui fait une obligation : si, à une réclamation écrite, sa réponse est négative, le patron doit, en même temps, désigner son ou ses arbitres. Dans les quarante-huit heures qui suivront, les ouvriers devront désigner les leurs en nombre égal. Enfin, dans les six jours maximum, les arbitres devront rendre leur sentence ; ce n'est que passé ce délai que les ouvriers pourront avoir recours à la grève.

Récapitulons donc la genèse d'un conflit d'après les dispositions de la loi.

1º Réclamation verbale des délégués :
Refus du patron, ci .... 1 journée
2º Réclamation écrite des délégués :
Quarante-huit heures de réflexion données au
patron. Refus de ce dernier, désignation de ses
arbitres, ci.................................... 2 journées
3º Quarante-huit heures données aux ouvriers
pour désignation de leurs arbitres, ci .... 2 journées
4º Six jours donnés aux arbitres pour rendre
leur sentence, ci............................... 6 journées

Total.......... 11 journées

La déclaration de grève. Au bout de onze jours *sans suspension de travail*, le conflit aura été solutionné par une sentence obligatoire pour tous : Il faut cependant envisager le cas où la procédure ne se passerait pas aussi régulièrement que nous venons de l'indiquer.

Supposons qu'au bout des quarante-huit heures de réflexion qui lui sont accordées, le patron ne donne point de réponse ou, en ayant donné une négative, refuse de désigner ses arbitres : dans les deux cas, les ouvriers peuvent déclarer la grève. Mais il y aura eu tout au moins, avant toute cessation de travail, trois jours de réflexion et de calme laissés aux parties. Or, trois jours de réflexion peuvent modifier bien des choses, et, nous estimons, pour notre part, que beaucoup de conflits pourront se régler pacifiquement dans ces trois jours par des concessions réciproques.

Nous avons dit que le projet de loi organise l'arbitrage obligatoire avant toute cessation de travail. Il nous reste à examiner si ce mode de solution et la manière dont il est organisé ont chance d'aboutir à un résultat favorable.

L'arbitrage obligatoire. Tout d'abord, étant donné la perturbation qu'apportent dans les affaires toutes les cessations de travail, il est incontestable que l'industriel aussi bien que l'ouvrier ont un intérêt majeur à ce que ces cessations n'aient lieu que le moins souvent possible et le plus tard possible. A ce point de vue, le projet de loi apporterait une sensible amélioration à l'état de choses actuel et, à ce titre, il peut être envisagé avec bienveillance par les commerçants et les industriels.

Reste la question de l'arbitrage obligatoire : en rendant une procédure et un arbitrage obligatoires, en interdisant la cessation du travail avant solution du conflit par ces arbitres, le projet de loi doit nécessairement prévoir une sanction à la non observation de ces prescriptions. Notons tout de suite qu'il faut de toute nécessité une sanction efficace; nous verrons plus loin que cette sanction nécessaire est la pierre d'achoppement de tout le projet de loi.

En ce qui concerne la solution du conflit par arbitres désignés par les deux parties, nous avouons franchement n'y avoir qu'une confiance très restreinte.

Les arbitres ainsi désignés pourront difficilement se mettre d'accord sur l'objet du conflit parce que, dans la plupart des cas, ils n'auront pas l'indépendance nécessaire : choisie forcément, l'un parmi les patrons, l'autre parmi les ouvriers, il leur deviendra difficile d'avoir l'air de trahir d'une façon ou de l'autre les intérêts qui leur sont confiés. C'est exactement, même aggravée, la situation de deux avocats qu'on chargerait de solutionner un procès sans passer devant un tribunal. En fait, les arbitres devront donc le plus souvent se faire départager. Nous nous demandons comment ils pourront se mettre également d'accord sur le choix d'un tiers arbitre.

Nous craignons donc que, le plus souvent, au bout de six jours écoulés, les arbitres ne puissent se mettre d'accord et que, la sentence n'étant point rendue, on n'en arrive, comme devant, à la suspension de travail et à la grève.

Un pareil résultat serait la faillite absolue du projet de loi : nous allons examiner bientôt comment nous proposerons de parer à cet inconvénient.

Passons à la deuxième partie du projet de loi qui a trait à l'organisation de la grève. *Organisation de la grève.*

Désormais, la grève ne pourra être décidée dans un établissement que par un vote régulier du personnel; ce vote aura lieu au scrutin secret effectué à la mairie de la commune où est situé l'établissement, dans des conditions matérielles à peu près semblables à celles usitées pour les élections politiques et sur lesquelles nous n'insisterons pas.

Pour que la grève soit votée au premier tour, il faut que les suffrages favorables à la grève soient supérieurs à la moitié des

suffrages exprimés et au tiers des inscrits. Si ce nombre est insuf-
fisant, il y aura lieu à procéder le lendemain à un nouveau tour
de scrutin.

Si, après ce deuxième tour, la grève est votée à la majorité,
la cessation collective du travail devient obligatoire pour tous;
si elle n'est votée, la continuation du travail est obligatoire pour
tous.

En principe, cette disposition est éminemment révolutionnaire et antilibérale, c'est la négation même de la liberté du
travail; pour la légitimer, le rapporteur du projet rappelle que la
plupart des violences dans les grèves proviennent de ce fait :
que certains ouvriers veulent continuer à travailler alors que la
majorité s'est mise en grève; il s'ensuit des conflits qui entraî-
nent souvent des violences, non seulement contre les ouvriers
continuant à travailler, mais encore contre les locaux dans
lesquels ils travaillent et les outils dont ils disposent.

Ce point de vue est évidemment intéressant et contient, à
coup sûr, une grande part de vérité; d'autre part, l'organisation
régulière du vote de la grève ne saurait être plus préjudiciable
au patron que les scrutins actuels sur le même objet, qui ont lieu
le plus souvent dans des conditions qui entâchent gravement leur
sincérité, soit que la grève soit votée par acclamations, soit qu'une
pression soit exercée sur les votants pour les faire voter dans un
sens déterminé. A ce point de vue, la situation actuelle s'en
trouverait améliorée.

Il est vrai que le patron se trouverait privé de cet appui, que
lui donne la minorité continuant à travailler; il est évident qu'à
l'heure actuelle, ce facteur peut présenter dans certains cas le
plus grand intérêt. Mais nous croyons que cet intérêt provient en
majeure partie de ce que, bien souvent, c'est une minorité qui
impose sa volonté à une majorité. Il est incontestable qu'à ce
point de vue, le projet de loi, en assurant autant que faire se peut
la sincérité du vote, entraînerait une diminution du nombre des
grèves, le nombre des ouvriers raisonnables, mais timides, étant
certainement plus grand qu'on ne se l'imagine. De plus, se trouveraient éliminés du même coup tous les éléments étrangers à
une exploitation qui, souvent, se glissent parmi les ouvriers et,
par la violence et l'intimidation, s'efforcent d'y faire la loi.

Au surplus, une fois la grève régulièrement déclarée, le législateur s'est-il efforcé d'en mener la conclusion aussi rapide que possible ? En effet, le projet stipule que le vote sur la continuation ou la cessation de la grève devra être renouvelé *au minimum* tous les sept jours.

Ce n'est pas tout : une fois une grève déclarée et afin qu'elle ne s'éternise pas, les sections compétentes du Conseil du travail sont appelées d'office à trancher le différend, et ce, soit sur l'invitation de l'un ou l'autre des intéressés, soit sur l'invitation de l'autorité administrative.

Le projet ajoute que toutes les sentences arbitrales rendues en conformité du projet de loi « vaudront convention entre les parties pour une période que fixera la sentence arbitrale ». Cette disposition correspond à un ordre d'idées que nous examinerons et qui présente pour l'industrie et le commerce la plus grande importance.

Examinons maintenant quelles sont les sanctions de la loi proposée : en dehors de celles qui ont trait aux violences exercées par l'une ou l'autre des parties et qui relèvent du Code pénal, les sanctions pour non observation des prescriptions de la loi ou des sentences arbitrales consistent en la privation pendant trois et, en cas de récidive, pendant six ans, du droit d'être électeurs et éligibles dans les divers scrutins relatifs à la représentation du travail.

C'est là que se trouve le point faible de la loi ; car ces sanctions si nécessaires seront à juste titre considérées par tous comme parfaitement inefficaces.

Nous nous demandons si les patrons attacheront quelque importance au fait de ne plus être ni électeurs, ni éligibles au Conseil des prud'hommes ou des tribunaux de commerce ; par contre, il est certain que les ouvriers s'inquièteront peu ou prou de cette privation. Or, sans sanctions pratiques, la loi en question deviendra vite lettre morte.

Il s'agirait donc de trouver une sanction efficace à la loi et aussi d'en corriger autant que faire se pourra les imperfections ; c'est ce qui fera l'objet de la seconde partie de cette étude.

Étant donné le caractère antilibéral du projet de loi que nous examinons, étant donné les graves inconvénients qu'il aura certainement pour l'industrie et le commerce, étant donné enfin qu'il dépouille les ouvriers de droits formels et les patrons de la situation priviligiée dont ils jouissaient en temps de grève, nous estimons qu'il ne peut être accepté par les uns comme par les autres que comme un sacrifice consenti en retour de certains avantages.

Or, ainsi que nous l'avons vu, le principal desideratum du commerce et de l'industrie est d'obtenir un peu plus de stabilité et de voir disparaître les conflits qui, à tout instant et pour le plus grand dommage de tous, interrompent le cours des affaires.

Si cette stabilité pouvait être assurée d'une façon définitive, les industriels et les commerçants trouveraient un tel avantage au nouvel état de choses qu'ils passeraient certainement sur les inconvénients du système.

Il s'agirait, en un mot, de faire disparaître de façon absolue de la France industrielle et commerciale les grèves et les *lock-out* qui en sont la contre-partie.

Un tel projet peut apparaître à première vue comme éminemment révolutionnaire : il l'est, en effet; c'est une réforme radicale qu'il importe d'examiner et de discuter soigneusement et posément avant de l'accepter ou de la rejeter.

Notons, tout d'abord, que cette réforme a été déjà réalisée par une autre nation que la nôtre, et que ses résultats dans ce pays, aussi bien que son organisation, pourront nous fournir d'utiles points de comparaison pour l'étude que nous avons entreprise.

L'exemple de la Nouvelle-Zélande. La Nouvelle-Zélande (et également après elle l'Australie Occidentale et la Nouvelle-Galles du Sud) a, en effet, depuis 1886, voté des lois soumettant tous les conflits du travail à la juridiction de tribunaux de conciliation et interdisant toute grève ou lock-out sous peine d'une amende de 25.000 francs ou deux mois de prison. On voit que les peuples jeunes n'y vont pas par quatre chemins. Cette loi a été retouchée à diverses reprises (ce qui ne surprendra personne), mais ses dispositions essentielles sont restées intactes, et le commerce n'a pas l'air de s'en être mal trouvé.

Nous avons vivement regretté de n'avoir qu'un résumé un peu succinct de cette loi ; nous aurions certainement trouvé dans le texte complet des documents fort intéressants pour l'étude du sujet qui nous occupe. Néanmoins, les renseignements que nous possédons sur elle nous fourniront tout au moins un cadre précieux pour la deuxième partie de ce travail.

1° Dispositions essentielles de la loi ; son étude.

2° Organisation des tribunaux de conciliation et d'arbitrage.

3° Procédure devant ces tribunaux.

4° Sentences de ces tribunaux et exécution de ces sentences.

5° Organisation des moyens propres à assurer de façon éfficace la responsabilité pécuniaire des patrons et des ouvriers.

Les principes essentiels qui présideraient à la loi que nous voudrions voir adopter par les Chambres seraient les suivants :

Premier principe. — La loi est applicable à tous les ouvriers et à tous les patrons. Dans le système proposé à la Chambre par la Commission du travail, la loi n'était applicable qu'aux établissements industriels employant au moins cinquante ouvriers. Nous estimons qu'adopter cette manière de voir serait placer dans une situation réellement trop privilégiée les établissements n'employant pas cinquante ouvriers : en industrie, l'égalité pour tous doit être la règle, afin que les industriels se trouvent à égalité sur le terrain de la concurrence commerciale.

Nous concevons cependant bien que les petits patrons doivent être mis en dehors de la loi nouvelle sous peine de la compliquer beaucoup. Nous fixerions, en ce qui nous concerne, le chiffre de dix ouvriers, qui nous semble correspondre à de très petites exploitations où les occasions de conflits sont moins nombreuses et où, en tout cas, les crises sont moins graves et se résolvent plus facilement.

Le projet de loi Millerand n'allait pas jusqu'à imposer même la loi à toutes les exploitations industrielles ; elle leur laissait le choix de s'y soumettre ou de ne pas s'y soumettre, à condition que l'ouvrier en soit avisé à l'embauchage ; mais, en fait, elle l'imposait par des moyens détournés. Il est indubitable, en effet, que, la loi une fois votée, les syndicats ouvriers auraient tôt fait de boycotter les établissements ne s'y soumettant pas ; d'autre part, l'acceptation de la loi était obligatoire pour tous les établissements travaillant pour l'État ou les adjudicataires des départements ou des communes, également pour tous les concessionnaires nouveaux de l'État.

En fait, nous estimons qu'il vaut mieux ne point user de moyens détournés qui, fatalement, amèneraient des crises partielles de l'industrie, et aller droit au but en appliquant, dès le principe, la loi à tous les établissements industriels.

Deuxième principe. — Toute grève, lock-out ou suspension collective du travail, ayant le caractère d'un conflit du travail, sont formellement interdits sous les peines énumérées plus loin.

Nous avons essayé plus haut de justifier cette disposition nouvelle : la cessation des grèves serait certainement pour l'industrie et pour le commerce français le plus grand des bienfaits. Elle assurerait la stabilité des transactions, la sûreté des spéculations, le cours normal des affaires : comme conséquence, elle assurerait aux ouvriers la stabilité des salaires, sans nuire aucunement à l'exercice de leurs revendications lorsqu'elles seraient justes : elle ne consacrerait que la justice obtenue sans la violence par le jeu libre et normal d'une juridiction librement acceptée et aussi impartiale que peut l'être une humaine juridiction.

Troisième principe. — En conséquence du deuxième principe, tous les différends relatifs aux conditions du travail seront soumis à une juridiction spéciale de conciliation ou d'arbitrage.

Nous estimons que c'est là la voie normale par laquelle, tout comme les conflits d'intérêts ou de personnes, doivent se dénouer les conflits du travail.

En adhérant tacitement au contrat social, tout homme ou toute collectivité renonce par là même à se faire justice à elle-même ; elle laisse ce soin aux rouages choisis par la société et les mieux adaptés au but à atteindre : et il est vraiment curieux de constater qu'alors que chez tous les peuples les juridictions civiles et commerciales sont arrivées à un maximum de perfectionnement, les juridictions sociales, si j'ose m'exprimer ainsi, soient encore à l'état purement embryonnaire.

Il ne faut voir dans cet état de choses qu'un reste de l'esprit d'autrefois, fait de beaucoup de dédain pour le travailleur et d'une fausse compréhension des choses du travail. Il faut maintenant ne pas hésiter à ouvrir les yeux et à nous rendre compte que capital et travail peuvent et doivent traiter d'égal à égal, parce leurs droits sont égaux et les intérêts de l'un aussi sacrés et aussi respectables que les intérêts de l'autre.

Rouages égaux de la grande machine industrielle, leur accord en fait la splendeur, leur désaccord en fait la ruine. Or, puisque les capitalistes ont trouvé une voie de solution aux conflits qu'ils peuvent avoir entre eux, je ne comprendrais pas pourquoi une voie semblable ne serait point offerte aux conflits du travail ou du capital.

La chose ne va point sans difficultés. Vouloir créer une juri-diction semblable est bien, mais encore faut-il examiner si une pareille juridiction pourra être adéquate à la tâche pour laquelle elle sera créée.

Organisation de cette juridiction.

Les tribunaux spéciaux créés pour solutionner les conflits du travail devront être impartiaux et compétents, leur juridiction devra être facilement accessible à tous, aux fortunés comme à ceux qui le sont moins et à ce titre leur gratuité paraît devoir s'imposer.

Or, dans les conflits qui nous occupent, il apparaît comme bien difficile de trouver en même temps l'impartialité et la compé-tence : force nous est, en effet, de prendre les hommes tels qu'ils sont et de considérer que lorsqu'un juge sera, même de façon indirecte, intéressé dans un conflit qu'il aura à solutionner, il lui sera presque impossible de n'y pas apporter, même inconsciem-ment, une part de parti-pris.

La position étant difficile à aborder de front, nous nous som-mes efforcé de la tourner.

Tous les tribunaux de conciliation, dont nous prévoyons la création, seraient en effet formés de trois sortes de juges :

1° Un juge patron et un juge ouvrier directement intéressés à la question et à même de l'exposer aux autres juges, chacun à son point de vue, dans tous ses détails et toutes ses conséquences ;

2° Un juge délégué par l'ensemble des patrons et un juge délégué par l'ensemble des ouvriers d'une même industrie dans l'étendue d'une même juridiction ;

3° Un président désintéressé absolument de la question et capable de départager ses collègues. Nous avons pensé qu'il était difficile de mieux faire que de désigner à cet effet un magistrat de l'ordre judiciaire placé, par son inamovibilité, dans une situation théoriquement indépendante.

Ceci dit, nous avons pensé à créer trois sortes de tribunaux d'arbitrage :

1º Le tribunal de conciliation ayant à peu près comme juridiction l'étendue de nos tribunaux civils actuels et jugeant en premier ressort la plupart des questions ayant trait aux conflits du travail ;

2º La cour d'arbitrage correspondant à nos cours d'appel et jugeant en appel et dernier ressort la plupart des questions ayant trait aux conflits du travail ;

3º La cour supérieure d'arbitrage correspondant approximativement à notre Cour de Cassation ou au Conseil d'État et devant laquelle pourront être évoquées certaines questions spéciales.

Nous ne nous étendrons pas longuement sur la composition de ces tribunaux d'arbitrage non plus que sur la procédure qui leur sera propre et qui seront déterminées par un règlement d'administration publique.

Voici, brièvement, du moins, les grandes lignes de cette organisation :

Chaque tribunal de conciliation comprendra cinq juges, savoir :

1º Le président du Tribunal civil présidant ;

2º Le président du Syndicat patronal de l'industrie en cause ;

3º Le président du Syndicat ouvrier de l'industrie en cause. Si l'ouvrier est un syndiqué jaune, le président de son Syndicat siègera ; s'il est un syndiqué rouge également, s'il n'appartient à aucun syndicat le président devant siéger sera désigné par la voie du sort ;

4º Un juge désigné par le patron ;

5º Un juge désigné par les ouvriers.

Ce tribunal devra entendre directement les explications des parties sans l'intermédiaire d'un avocat : les parties pourront lui donner toutes explications orales ou écrites. Les arrêts devront être rendus au plus tard dans la huitaine qui suivra le jour où l'affaire aura été exposée devant lui, sauf le cas où il déciderait de procéder à une enquête ; en ce cas, le délai serait prorogé de huit jours. Il aura le droit de convoquer devant lui qui il lui conviendra pour éclairer sa religion ; néanmoins, en aucun cas, il ne pourra exiger la production des livres du patron, le tribunal ne devant, en aucune façon, s'immiscer dans ses affaires ; il pourra, au surplus, siéger à huis clos toutes les fois qu'il le jugera nécessaire.

Au cas où la réclamation formulée porterait sur le chiffre des salaires, le délai imparti au tribunal est porté à un mois comme expliqué ci-dessous.

La Cour départementale d'arbitrage comprendra :

La cour d'arbitrage.

1° Le premier président de la Cour d'appel, président ;

2° Le président de la Chambre de Commerce départementale ;

3° L'un des présidents des Syndicats ouvriers du département élus par tous les présidents des Syndicats ouvriers rouges ou jaunes du ressort de la Cour ;

4° Le président du Syndicat patronal auquel se rattache l'industrie intéressée, situé dans la ville où siègera la Cour départementale ou dans la ville la plus proche ;

5° Le président du Syndicat ouvrier intéressé, mêmement désigné.

Les arrêts devront être rendus par la Cour d'appel dans le mois qui suivra le dépôt de l'appel ; cet arrêt sera souverain.

La Cour supérieure d'arbitrage sera constituée par la section compétente du Conseil supérieur du travail composée en proportion égale de délégués patrons et de délégués ouvriers et présidée par un des conseillers de la Cour de cassation spécialement désigné à cet effet.

La cour supérieure d'arbitrage.

Il nous reste à indiquer quelles causes pourront être évoquées devant ces tribunaux.

Ainsi que nous l'avons dit déjà, le principal avantage et le seul, au surplus, qui doive résulter du vote de la loi pour l'industrie et le commerce, réside dans une plus grande stabilité et la suppression des à-coups qui leur sont si préjudiciables. Il ne faudrait donc pas que la facilité donnée aux ouvriers d'émettre des réclamations et de les soumettre aux divers tribunaux de conciliation les incitât à se livrer à de perpétuelles réclamations et à bouleverser continuellement les conditions du travail, ces bouleversements perpétuels étant incompatibles avec le développement normal du commerce et de l'industrie ; nous avons donc été amené à faire une classification entre les différends pouvant s'élever entre patrons et ouvriers au sujet du travail.

Classification des conflits du travail.

Nous distinguerons donc d'abord les différends ayant trait au chiffres du salaire et à la durée du travail.

La solution de ces différends est de la plus haute importance pour le commerce et l'industrie, car elle touche à l'essence même de leur vie propre. Toute variation du montant du salaire ou de la durée du travail entraîne, en effet, pour l'industriel, une variation dans le prix de revient du travail, prix de revient dont le quantum doit lui être connu pour prendre du travail ou passer des marchés.

Les différends ayant trait au montant des salaires et à la durée du travail seront solutionnés pour une période déterminée.

Il nous a semblé difficile d'admettre que le chiffre des salaires et la durée du travail puissent être, à toute époque, remis en question, ce qui entraînerait, pour le prix de revient du produit manufacturé, une perpétuelle instabilité tout à fait préjudiciable au développement normal de l'industrie. Nous avons donc estimé que, sauf circontances exceptionnelles, le chiffre du salaire et la durée des heures du travail ne pourraient être remis en discussion qu'à des périodes suffisamment éloignées pour laisser aux industriels une marge suffisante pour l'exercice possible et normal de leur industrie. Voici donc les dispositions que nous désirerions voir adopter pour parvenir à réaliser ces desiderata.

Dans le mois qui suivrait la promulgation de la loi, les patrons d'une même industrie devraient, dans chaque centre industriel, se mettre d'accord avec leurs ouvriers pour dresser un état exact des salaires payés au jour de la promulgation de la loi et de la durée de la journée du travail ; au cas où les parties n'arriveraient pas à se mettre d'accord, cet état serait établi, après enquête, par le tribunal de conciliation. Cet état vaudrait, pendant cinq ans, convention entre les parties : il n'y pourrait être demandé de dérogation, soit par l'une soit par l'autre, qu'aux conditions suivantes :

Toute demande de modification aux chiffres des salaires ou à la durée des heures de travail devrait être introduite directement devant la Cour d'arbitrage. La Cour aurait uniquement à examiner si, depuis la promulgation de la présente loi, une modification profonde est survenue dans l'industrie à laquelle appartiennent les réclamants, du fait d'une organisation différente du travail ou de l'introduction d'un outillage nouveau, modification de nature à changer du tout au tout le prix de revient du travail ; dans ce cas, mais dans ce cas seulement, la Cour serait appelée à apporter aux conventions des parties une modification qui vaudrait, à nouveau pour cinq années, convention entre elles. Une modification au chiffre du salaire ou à la durée des heures du travail ne saurait être demandée plus d'une fois pour la même cause.

A l'expiration de la période de cinq ans sus-indiquée, il pourrait être demandé par les parties des modifications aux conventions de travail qui les lie, mais cette demande ne pourrait être introduite qu'aux conditions suivantes :

1° Cette demande devrait être formulée par lettre recommandée, à la partie intéressée au minimum six mois avant l'expiration des cinq années ; faute que la réclamation ait été faite à cette date, la convention courrait de plein droit pour une nouvelle période de cinq années, à compter de l'expiration de la première période.

2° L'intéressé aurait un mois de réflexion pour examiner à quel parti il compte se rallier. Il aurait toute facilité, pendant ce mois, pour discuter verbalement avec les représentants de l'autre partie les points sur lesquels porte leur réclamation. Si l'accord arrivait à se faire, il en serait dressé un constat sous la même forme que l'état primitif dont il a été question plus haut, et cet accord vaudrait convention entre les parties pour une période de cinq ans.

3° Si l'accord ne pouvait pas se faire, l'intéressé devrait aviser par écrit l'autre partie de son refus d'accéder à ses réclamations.

4° A la diligence de l'une ou de l'autre des parties, l'affaire devrait être portée devant le tribunal de conciliation, qui devrait se livrer à une enquête approfondie sur l'état de l'industrie intéressée et les modifications survenues au mode d'exploitation depuis la convention précédente ; en tout état de cause, il devrait, dans le mois qui suivrait le jour où il aurait été saisi, rendre une sentence arbitrale qui vaudrait convention entre les parties pour une nouvelle période de cinq années.

5° Si l'une des parties estimait que ses intérêts sont lésés par la sentence rendue, elle aurait un délai d'un mois pour aller en appel devant la Cour départementale d'arbitrage, qui déciderait souverainement, et dont l'arrêt vaudrait convention nouvelle entre les parties.

Nous passons maintenant aux différends autres que ceux ayant trait aux chiffres des salaires ou à la durée du travail.

Différends accessoires.
Utilité des délégués
pour leur solution.

Ces différends qui, arrivés à l'état aigu, amènent quelquefois des crises sérieuses et des conflits de longue durée dans certaines industries, ne présentent pourtant pas pour elles l'importance capitale de ceux dont nous avons parlé dans notre précédent article. Ils ne touchent pas à sa vie même et nous croyons qu'en évitant que ces conflits s'enveniment, ils seront de courte durée et pourront, le plus souvent, se dénouer aisément par des concessions mutuelles.

Nous croyons donc que, pour ces sortes de conflits, l'institution des délégués prévus par le projet de loi est acceptable et produira d'heureux effets ; nous en demanderons donc le maintien pour ces conflits seulement.

Les délégués porteraient donc leurs réclamations à la connaissance du patron dans les formes prévues par le projet de loi. Si une entente amiable n'intervenait pas, le différend serait porté, à la diligence de l'une ou de l'autre des parties, devant le tribunal de conciliation, qui rendrait son jugement. Dans la huitaine, la partie défaillante aurait le droit d'interjeter appel devant la Cour d'arbitrage, qui déciderait souverainement.

Sanctions de la loi.

Il nous reste maintenant à examiner les sanctions à donner à la loi ou plutôt à la violation de la loi. Ce ne sera pas la partie la moins compliquée de notre tâche, certains cas nous étant apparus comme bien difficiles à solutionner.

Nous n'insistons pas, l'ayant déjà fait par ailleurs, sur l'importance capitale des sanctions de la loi en discussion. De leur efficacité ou de leur non efficacité dépendra le succès ou la faillite de la loi.

Nous avons également indiqué, d'autre part, combien les sanctions proposées par la Commission du travail de la Chambre nous étaient apparues comme inefficaces pour en assurer l'exécution.

Rappelons brièvement que la Commission proposait de punir les contrevenants aux dispositions de la loi de la privation de certains droits d'électorat ou d'éligibilité pour les divers corps constitués représentatifs du monde du travail, du commerce ou de l'industrie. Nous avons dit et répétons que si cette privation pouvait, en quelques cas, atteindre réellement les patrons, elle serait, dans tous les cas, de nul effet pour les ouvriers. Nous avons donc cherché à découvrir une sanction pouvant atteindre aussi bien les uns que les autres, et dans la proportion même où ils participent à l'œuvre commune.

Nous nous sommes également arrêté à une sanction attaquant personnellement chacune des parties en cause et non, s'il y avait lieu, leur collectivité.

Il n'en est pourtant point ainsi en Nouvelle-Zélande : les violations de la loi ayant trait aux conflits du travail sont sanctionnées par des amendes atteignant, soit le patron, soit la collectivité des ouvriers, puisqu'elles sont payées par les caisses des associations ouvrières.

Nous ne nous sommes pas arrêté à ce système pour deux raisons : la première est que la responsabilité pécuniaire des syndicats n'est pas encore organisée en France et apparaîtrait à l'heure actuelle comme parfaitement illusoire.

La deuxième est que nous pensons que l'ouvrier français serait particulièrement peu sensible à une sanction ne l'atteignant que de façon indirecte.

On peut dire que nous n'avons guère, en France, la notion ni le respect du patrimoine collectif : le Français est au fond un individualiste impénitent, ce dont, à beaucoup de points de vue, on ne le saurait blâmer, et autant il mettra d'ardeur à défendre ce qui est sa propriété personnelle, autant il se désintéressera d'une propriété collective. Toute atteinte portée à son patrimoine propre lui sera particulièrement sensible, au lieu que la même atteinte portée au patrimoine collectif le laissera le plus souvent indifférent.

Nous avons donc pensé qu'il vaudrait mieux, de toutes façons, que les sanctions de la loi atteignissent individuellement les contrevenants.

Les sanctions de ladite loi, sauf les cas qui tombent sous le coup du Code pénal, devant être pécuniaires, il s'en suit que notre proposition n'aboutit à rien moins qu'à organiser la responsabilité pécuniaire et assurée de tous les patrons et de tous les ouvriers français.

Le seul énoncé de cette proposition suffit à en faire apercevoir toutes les difficultés pratiques. Ces difficultés sont-elles insurmontables ? Nous ne le pensons pas. Nous allons, en tout cas, indiquer sous quel angle nous croyons que la proposition peut être examinée.

Voici sur quelles bases repose notre système de responsabilité pécuniaire, dont nous avons entretenu nos lecteurs dans notre précédent article.

Tout ouvrier devra avoir en tout temps à la Caisse des Dépôts et Consignations une somme déposée, égale au salaire de six journées de travail, laquelle somme servira à assurer uniquement sa responsabilité pécuniaire en cas d'infractions aux dispositions de la loi.

Tout patron devra, en tout temps, avoir à la Caisse des Dépôts et Consignations une somme déposée égale au salaire de tous ses ouvriers pendant six jours de travail, la dite somme servira à assurer uniquement sa responsabilité pécuniaire en cas d'infractions aux dispositions de la loi.

Il nous reste maintenant à examiner :

1° Comment sera constituée par le patron et par l'ouvrier cette réserve et comment le versement en sera effectué ; de même comment, et dans quel cas, elle pourra leur être remboursée ;

2° Dans quelle mesure des amendes, payables sur la dite réserve, pourront être prononcées à l'encontre, soit des patrons, soit des ouvriers, et à qui profiteront les dites amendes ;

3° Comment seront constatées les retenues à faire pour cause d'amende sur ce fonds de réserve et comment ce fonds, une fois entamé par les dites amendes, pourra être reconstitué.

Indiquons tout d'abord que ce fonds, ayant uniquement pour but d'assurer l'exécution de la loi actuellement en discussion, sera insaisissable pour tout autre objet et qu'il rapportera à ses propriétaires un intérêt privilégié égal par exemple à 3 1/2 ou 4 o/o, qui serait versé aux intéressés.

Passons maintenant à l'examen plus détaillé des questions énumérées précédemment.

Voici sur quelles bases pourrait reposer le système :

Tout ouvrier, pour exercer un métier, devra retirer dans son département, à la Trésorerie Générale ou chez les percepteurs, un livret de travail.

Tout livret de travail portera sur sa couverture :

1° Le nom du département dans lequel il a été délivré ; 2° un numéro d'ordre ; 3° le titre de la profession à laquelle il se rapporte ; 4° le nom du titulaire ; 5° sa date de naissance ; 6° l'année pour laquelle il a été délivré.

Intérieurement, le carnet sera ainsi disposé :

Les rectos des feuillets seront disposés en forme d'agenda à raison d'une semaine par feulllet. La disposition sera la suivante :

En tête de chaque feuillet, répétition du numéro d'ordre du carnet. Première colonne à gauche, date de chaque jour de la semaine comprise dans le feuillet ; deuxième colonne, nom du patron ayant fait travailler l'ouvrier ; troisième colonne, chiffre du salaire payé à l'ouvrier ; quatrième colonne, montant des retenues effectuées par le patron, comme il sera dit plus loin ; cinquième colonne, état de la réserve dont nous avons parlé plus haut.

Ce carnet devra être visé mensuellement au verso des feuilles et en regard de la date portée au recto par les percepteurs, qui indiqueront, avec la date du visa, les condamations à l'amende qui auraient pu être prononcées contre l'ouvrier et, partant, la somme à laquelle sa réserve se trouve réduite.

Le visa des carnets aura lieu à la diligence du patron pour les industries employant les ouvriers de façon régulière ; il devra être fait à la diligence de l'ouvrier pour les industries embauchant quotidiennement les ouvriers : interdiction est faite à tout patron de cette catégorie d'embaucher un ouvrier muni d'un carnet resté depuis plus d'un mois sans visa.

Tout patron embauchant un ouvrier doit se faire présenter par ce dernier son carnet, qui restera déposé entre les mains du patron ou de son préposé tant que l'ouvrier travaillera pour le dit patron.

Pour constituer le premier fonds de réserve de l'ouvrier, le patron devra faire sur les salaires payés à l'ouvrier une retenue égale au 10 o/o de ce salaire, et ce, jusqu'au moment où la retenue ainsi faite atteindra le montant de six journées de travail comme il a été dit plus haut. Le montant de ces retenues sera inscrit à la quatrième colonne du carnet. De même, lorsque, après le visa mensuel, il sera constaté que par suite de condamnation à l'amende le montant de la réserve a été diminué, le patron devra recombler le montant par une retenue effectuée de la même manière.

Le patron adressera tous les mois au percepteur le plus proche un bordereau indiquant les numéros des carnets des ouvriers employés par lui durant le mois, avec le temps pendant lequel chacun d'eux aura travaillé pour son compte, ainsi que les retenues effectuées par lui sur leurs salaires ; il effectuera entre les mains du percepteur le versement de ces retenues ; contrôle sera fait de l'exactitude de cette déclaration par le visa des carnets fait mensuellement comme il a été dit plus haut. Après vérification du bordereau, le percepteur avisera le patron de la somme supplémentaire à lui verser pour le cas où la somme déposée par lui à la Caisse des Dépôts et Consignations n'équivaudrait pas au montant de six journées de travail des ouvriers employés moyennement et quotidiennement dans ses usines ou sur ses chantiers. De même, il l'aviserait, au cas où son versement serait par contre supérieur au quantum exigé par la loi. Pour éviter de continuels mouvements de fonds pour les industries où le nombre des ouvriers embauchés varie quotidiennement, le patron serait autorisé à laisser à la Caisse des Dépôts et Consignations une somme supérieure de 10 o/o à la moyenne annuelle des salaires payés pendant six journées de travail dans son usine ou sur ses chantiers, cette somme portant, bien entendu, intérêt de 4 o/o comme il a été dit plus haut.

Il s'agit maintenant de savoir dans quelle mesure des amendes pourront être infligées à celle des parties ayant violé la loi par les tribunaux d'arbitrage et à qui ira le montant de ces amendes.

La violation principale de la loi qui pourra se produire consistera évidemment dans la grève ou le *lock out* imposés malgré l'interdiction de la loi ; en ce cas, il nous semble que la pénalité à appliquer sera assez facile à déterminer.

Pour un jour de grève ou de *lock out*, amende d'un salaire

d'une journée, de deux pour deux journées et ainsi de suite jusqu'à six journées.

On nous objectera qu'au bout de six journées de grève ou de lock out le tribunal se trouvera désarmé : le fait est exact en lui-même ; mais 1° je crois qu'étant donné la facilité qu'auront les parties de soumettre leurs différends à des tribunaux organisés, rares seront les cas où, au bout de six jours de lutte, on n'envisagera pas une solution pacifique du conflit, et, 2° je ferai remarquer qu'en ce qui concerne les grands industriels, la somme qui leur sera ainsi confisquée en cas de *lock out*, jointe aux pertes volontaires que le *lock out* leur fera subir, sera très importante et leur donnera à réfléchir ; qu'en ce qui concerne les ouvriers, la perte de leur salaire d'abord, la perspective ensuite (tout comme le patron ailleurs) de subir, dès la reprise du travail, une retenue de 10 o/o sur leurs salaires pour reconstituer leur fonds de réserve, leur fera faire aussi de salutaires réflexions.

Je ne crois pas que, d'un seul coup, on arrivera par ce système à la suppression immédiate des grèves ; une nouvelle grève pourra avoir lieu dans une industrie après l'adoption du projet de loi ; elle sera peut-être aussi douloureuse que celles de jadis, mais une fois l'apaisement fait, l'ouvrier rentrant à l'atelier trouvera dure la retenue qui lui sera faite sur son salaire et hésitera à recommencer une nouvelle expérience ; de même que le patron qui se trouverait d'un seul coup à reverser une grosse somme pour compléter ou reconstituer son fonds de réserve.

Nous avons posé un *quantum* général pour le chiffre des condamnations ; inutile de dire que les tribunaux d'arbitrage pourraient diminuer le montant de la condamnation dans le cas où ils jugeraient que la partie *défaillante* mérite des circonstances atténuantes.

A qui irait le montant des amendes ? Il nous semble tout naturel qu'il soit versé à la partie triomphante à titre d'indemnité : c'est elle qui a souffert de la violation de la loi, c'est à elle qu'est dû le dédommagement pécuniaire résultant de la condamnation.

Cette mesure nous paraît très équitable ; remarquons cependant qu'elle est plus avantageuse pour l'ouvrier que pour le patron. L'ouvrier ayant subi un *lock out* de six jours n'aura, en effet, rien perdu, puisque le salaire de ses six journées lui sera intégralement payé, au lieu que le patron subissant une grève de même durée ne trouvera, dans le montant de six journées de salaires, qu'une imparfaite indemnité pour les pertes qu'il aura subies. Il nous semble difficile de parer pratiquement à cette inégalité.

Conclusion.

Nous voici parvenu au terme de cette étude, qui ne prétend pas avoir épuisé la question, mais dans laquelle nous nous sommes simplement efforcé d'examiner sous un jour différent et peut-être un peu hardi l'important problème soulevé par le projet Millerand, adopté dans ses grandes lignes par la Commission du travail de la Chambre des Députés.

Nous sommes loin certes de nous dissimuler toutes les difficultés qui pourront surgir à l'application d'un système qui révolutionne notre façon actuelle d'envisager les conflits du travail ; mais pour un grand mal nous avons cru nécessaire de proposer un grand remède.

Nous sommes persuadé, en tout cas, qu'une grande réforme faite d'un seul jet vaudra toujours mieux qu'une série de petites réformes arrachées à l'industriel au jour le jour comme des capitulations successives et faites au hasard des évènements, qui, bien souvent, influent de déplorable façon sur la mentalité des législateurs ; nous croyons enfin qu'il est de l'intérêt bien compris des industriels et des commerçants, de ceux qui font fructifier et travailler leur capital, de ne pas se cantonner dans une tour d'indifférence et de conservatisme ; le commerçant, comme l'industriel, doit vivre avec son époque, il ne doit point rester, quand le fleuve passe à côté de lui, à la berge comme une épave lamentable ; il ne doit point bouder à son siècle et, d'où que vienne le progrès, marcher vers lui et marcher avec lui. Cetteforce d'inertie, qui engendre l'obstruction, n'aboutit qu'à exaspérer au-delà de toute mesure et au-delà de toute raison ceux qui, voulant le progrès à tout prix, finissent par tomber dans les excès même du progrès.

Nous croyons que la réforme que nous proposons est réalisable et qu'elle servirait les intérêts de tous ; nous croyons que, par la cessation des conflits, par la clôture de l'ère des violences, elle contribuerait à rétablir entre le capital et le travail une paix, une entente cordiale indispensables au libre épanouissement économique de notre commerce et de notre industrie et souhaitables à tous égards pour notre pays de France.

Marseille, 1er Novembre 1907.

Marseille. — Imprimerie du *Sémaphore*, BARLATIER, rue Venture, 19.

IMPRIMERIE·DV·SEMAPHORE
MARSEILLE

IMPRIMERIE DU SEMAPHORE
MARSEILLE
B

www.ingramcontent.com/pod-product-compliance
Lightning Source LLC
Chambersburg PA
CBHW051328060726
47596CB00004B/1518